Lass es dir gut gehen

von Anna Johannsen

GROH

A wie *Aufmerksamkeit*

Genieße das Leben mit allen Sinnen!
Wenn wir mit offenen Augen und Ohren
durch die Welt gehen, wenn wir ganz bewusst
fühlen, riechen und schmecken,
wird jeder Augenblick zu einem kleinen Wunder.

Die Welt ist voll von kleinen Freuden,
die Kunst besteht nur darin, sie zu sehen,
ein Auge dafür zu haben.

Li Tai-pe

B wie *Begegnungen*

Die Begegnung mit anderen Menschen macht unser Leben erst richtig lebenswert. Zeit, die wir mit unseren Freunden oder Liebsten verbringen, ist immer eine Bereicherung. Und wenn wir Unbekannten aufgeschlossen gegenübertreten, entdecken wir vielleicht Berührungspunkte, wo wir sie nie erwartet hätten …

Kein Mensch ist eine Insel, in sich selbst vollständig;
jeder Mensch ist ein Stück des Kontinents,
ein Teil des Festlands.

John Donne

C

wie cool bleiben

Insbesondere wenn's heiß hergeht oder man das Gefühl hat, auf dem Holzweg zu sein, tut eine kleine Abkühlung gut, um auf andere Gedanken zu kommen. Frisch inspiriert, kann man sich überlegen, wie man die Krise überwindet.

Krise ist ein produktiver Zustand. Man muss ihm nur den Beigeschmack der Katastrophe nehmen.

Max Frisch

D wie *Dolce Vita*

Manchmal braucht man so wenig, um glücklich zu sein: Sich ein paar Minuten Zeit zu nehmen und einfach nur das Leben genießen, kann erholsamer sein als drei Tage Urlaub. Hör in dich hinein und sorge für kleine Auszeiten in deinem Alltag!

Man hat sein Glück nicht gemacht,
vermag man nicht, es zu genießen.

Luc de Vauvenargues

E wie *Enthusiasmus*

Setz dich nicht unter Druck! Beschäftige dich mit den Dingen, für die du Feuer und Flamme bist. Was dich kalt lässt, kannst du dafür getrost einmal eine Zeit lang liegen lassen.

Was man aber gern macht, macht man gut.

Prentice Mulford

F wie *Flow*

Zuhause oder im Beruf: Wenn wir Tätigkeiten nachgehen, in denen wir ganz und gar aufgehen, scheinen Zeit und Raum zu verschmelzen, unsere Kreativität wird angeregt und wir entfalten ungeahnte Kräfte.

Gehe in deiner Arbeit auf, nicht unter.

Jacques Tati

G wie Genuss ohne Reue

Wenn man sich hin und wieder mit einer kleinen Nascherei belohnt, meldet sich oft das schlechte Gewissen. Am besten, man ignoriert es. Denn unterm Strich ist es wichtiger, dass man sich wohlfühlt – egal, wen die Modezeitschriften gerade zum neuesten Schönheitsideal erkoren haben.

Der höchste Genuss besteht
in der Zufriedenheit mit sich selbst.

Jean-Jacques Rousseau

H wie *Haltung bewahren*

Es gibt Zeiten, da zerren alle an dir. Dafür gibt's nur eine Lösung. Es braucht etwas Übung und fällt dir nicht in den Schoß. Aber wenn du auch mal „Nein" sagst und standhaft deine Meinung vertrittst, wirst du durch kleine Erfolgserlebnisse dafür belohnt.

Das Geheimnis des außerordentlichen Menschen
ist in den meisten Fällen nichts als Konsequenz.

Buddha

I wie *innere Gelassenheit*

Kleine Nichtigkeiten können einen manchmal auf die Palme bringen. Lass die Unfreundlichkeiten einfach von dir abperlen, um dich besser gelaunt mit den wirklich wichtigen Dingen zu beschäftigen.

Wenn Menschen ihre innere Einstellung ändern,
können sie auch die äußeren Umstände
ihres Lebens ändern.

William James

J wie *Ja!*

Mit den Jahren wachsen wir an unseren Erfahrungen. Gönn dir öfters Auszeiten, um neue Eindrücke zu sammeln. Nur so kannst du dir deine Offenheit und Wendigkeit bewahren und die Gewissheit haben, Teil von etwas ganz Besonderem zu sein.

Fang jetzt an zu leben und zähle
jeden Augenblick als ein Leben für sich.

Seneca

K wie Kick

Bevor es soweit kommt, dass man sich vor lauter Verpflichtungen nicht die Bohne um sich selbst kümmert, sollte man sich lieber hin und wieder einen kleinen Kick gönnen …
In Ruhe ganz bewusst genossen und man kann wieder voller Energie durchstarten!

Wenn man keinen Kaffee haben kann,
so soll man versuchen, so heiter und gelassen zu sein,
als hätte man welchen getrunken.

Jonathan Swift

Espresso
YOURSELF
Truffle

L wie Licht

Wir leben in einem Wechselspiel von hell und dunkel. Auch wenn der Schatten dazugehört: Vergiss die Sonnenseite nicht! Lass es dir gut gehen und wende dich dem Licht zu – denn nur dann kannst du richtig aufblühen.

Verliere nie den Glauben an die Sonne,
auch wenn sie sich hinter den Wolken verbirgt.

Unbekannt

M wie *Mußestunden*

Nicht nur was wir essen, nährt uns. Genauso wichtig wie ein abwechslungsreicher Speiseplan ist es, für die geistige Nahrung zu sorgen und sich von neuen Ideen inspirieren zu lassen … dabei sollte das Vergnügen aber nicht zu kurz kommen!

Der Geist ist demselben Gesetz unterworfen
wie der Körper: Beide können sich nur
durch beständige Nahrung erhalten.

Luc de Vauvenargues

N wie *Nichtstun*

Auch wenn der Terminplan vollgepackt ist, sollten wir uns jeden Tag eine Viertelstunde zum Nichtstun gönnen. Denn was der erfrischende Regenguss nach einem schwülen Sommertag, ist für uns ein paar Minuten lang abzuschalten und die Gedanken schweifen zu lassen. Das weckt neue Kräfte und tut gut.

Im Nichtstun bleibt nichts ungetan.

Laotse

O wie Originalität

Hin und wieder muss man sich die Zeit nehmen, um in sich hineinzuhören und zu überlegen, was einem wirklich gefällt. Erst dann kann man sich mit vielen schönen Dingen umgeben, an denen man sich immer wieder erfreut. Und das trifft garantiert den richtigen Ton.

Liebe zur Schönheit ist Geschmack.
Das Schaffen von Schönheit ist Kunst.

Ralph Waldo Emerson

P wie Power

Auch Stress gehört zum Leben. Manchmal beflügelt er sogar, und man entwickelt ganz ungeahnte Kräfte. Nutze diese heißen Phasen.

Q wie Quelle der Energie

Ist der Siedepunkt erreicht, heißt es abtauchen. Jetzt ist es wichtig, sich eine kleine Auszeit zu nehmen, Kräfte zu sammeln und bei wichtigen Entscheidungen nichts zu überstürzen; so kommt bald alles wieder in Fluss.

R wie *Regeneration*

Wenn man sich kratzbürstig und rau fühlt, hilft oft nur eines: Ab in die Wanne! Umhüllt von wohliger Wärme und sanften Düften fühlt man sich leicht und wie auf Rosen gebettet, um für eine Weile der Realität zu entschweben.

Die schönsten Ereignisse sind nicht unsere lautesten, sondern unsere stillen Stunden.

Friedrich Nietzsche

S wie *Spaß*

Nimm das Leben mit einer Prise Humor und vergiss das Lachen nicht – denn das ist ja bekanntlich die beste Medizin!

Jede Minute, die man lacht,
verlängert das Leben um eine Stunde.

aus China

wie *treiben lassen*

Alles Leben ist Bewegung. Lass dich hin und wieder einfach nur treiben, statt von einer Verpflichtung zur nächsten zu hetzen. Erst dann kannst du spüren, was es heißt, frei zu sein ... das Leben ist so schön!

Wahre Ruhe ist nicht Mangel an Bewegung.
Sie ist Gleichgewicht der Bewegung.

Ernst von Feuchtersleben

U wie *Urlaub von allem*

Ab und zu wachsen einem die Dinge über den Kopf. Zu geistigen Höhenflügen ist man nicht mehr bereit, man fühlt sich entnervt und abgespannt. Da hilft nur eins: die Tasche packen und baden gehen!

Erholung tut Leib und Seele wohl.

Deutsches Sprichwort

V wie Verwöhnen

Eine kleine Veränderung in der Routine, und es fällt dir nicht schwer, morgens aufzustehen. Wenn du dich jeden Tag mit etwas Besonderem belohnst – etwas, worauf du dich schon vor dem Einschlafen freust – wachst du taufrisch auf … garantiert!

Dreimal früh aufstehen macht einen ganzen Tag!

aus China

W wie *Wohlbefinden*

In deinem Leben spielst du die wichtigste Rolle. Denn nur wenn du dich wohlfühlst, kannst du auch anderen Gutes tun. Deshalb: achte immer wieder auf dich selbst!

Tu deinem Leib etwas Gutes,
damit deine Seele Lust hat, darin zu wohnen.

Teresa von Avila

Z wie *zauberhaft*

Hier und Jetzt ist alles, was zählt … die Gedanken schweifen lassen, sich der Schwerelosigkeit hingeben, mal hier, mal da Rast machen und es sich einfach gut gehen lassen … wie von Zauberhand fügt sich alles in diesem einzigartigen, wunderschönen Augenblick, in dem die Zeit stillzustehen scheint.

Genieße den Augenblick,
denn der Augenblick ist dein Leben.

Unbekannt

carpe diem

In dieser Reihe sind erschienen:

Lass dir Zeit zum Leben
ISBN 978-3-86713-301-2

Lass es dir gut gehen
ISBN 978-3-86713-302-9

Sei einfach wie du bist
ISBN 978-3-86713-304-3

Denk einfach positiv
ISBN 978-3-86713-303-6

Glaub an deine Träume
ISBN 978-3-86713-305-0

Bildnachweis:
Titel, Rückseite, S.13: Getty/Nordic Photos/Ove Eriksson
S. 3: Mauritius/CuboImages;
S. 5: Getty/Stone/Ron Dahlquist;
S. 7: Corbis/Philip James Corwin;
S. 9: DeVice/Fotolia
S. 11: iStockphoto/Adam Goodwin;
S. 15: Stockfood/Sian Irvine;
S. 17: iStockphoto/Andrzej Burak;
S. 19: iStockphoto/Andrey Pustovoy
S. 21: Corbis/George H. H. Huey;
S. 23: iStockphoto/David Coder;
S. 25: iStockphoto/Maartje van Caspel;
S. 27: iStockphoto/Cristina Fumi;
S. 29: Mauritius/Oxford Scientific;
S. 31: Corbis/Jim Erickson;
S. 33: Corbis/Ron Watts;
S. 35: iStockphoto/Sharambrosia;
S. 37: Mauritius/age fotostock;
S. 39: Getty/Photographer's Choice/Larry Bray;
S. 41: Getty/Iconica/Peter Cade;
S. 43: Corbis/Craig Tuttle;
S. 45: iStockphoto/Jennifer Steele;
S. 47: iStockphoto/Diane Diederich.

Textnachweis:
Wir danken den Autoren bzw. deren Erben, die uns freundlicherweise die Erlaubnis zum Abdruck von Texten erteilt haben, sowie dem Suhrkamp Verlag, Frankfurt, für den Text von Max Frisch auf S. 6, aus: Mein Name sei Gantenbein.

Idee und Konzept:
Groh Verlag.

ISBN 978-3-86713-302-9

097004-4253-03

Ein Lächeln schenken

Geschenke sollen ein Lächeln auf Gesichter zaubern und die Welt für einen Moment zum Stehen bringen. Für diesen Augenblick entwickeln wir mit viel Liebe immer neue GROH-Geschenke, die berühren.

In ihrer großen Themenvielfalt und der besonderen Verbindung von Sprache und Bild bewahren sie etwas sehr Persönliches.

Den Menschen Freude zu bereiten und ein Lächeln zu schenken, das ist unser Ziel seit 1928.

Ihr

Joachim Groh

GROH